CATALOGUE
D'OBJETS D'ART
ET DE CURIOSITÉ,

TELS QUE

Meubles en bois sculpté du XVIe siècle; Meubles en marqueterie de Boule et en marqueterie de bois; Porcelaines de Chine et du Japon, qualités anciennes richement montées; diverses pièces d'Orfèvrerie du XVIe siècle et d'époques plus récentes, pour dressoir et service de table; Dorures, telles que Candélabres, Pendules et autres pièces; objets divers, tels que Bronzes anciens, émaux de Limoges, Faïence de Faenza, grès de Flandre, terres cuites, bois et ivoires sculptés, etc.;

DONT LA VENTE AURA LIEU

Après le départ de Mme la Comtesse de R...,

RUE DES JEUNEURS, 16,

SALLE N. 2,

Les lundi 2, mardi 3 et mercredi 4 décembre 1844,

HEURE DE MIDI.

EXPOSITION PUBLIQUE

Le dimanche 1er décembre 1844, de midi à quatre heures.

LE CATALOGUE SE DISTRIBUE

Chez 1° M. G. BENOU, Commissaire-Priseur, rue Taranne, 11;
2° M. ROUSSEL, Expert, rue des Saints-Pères, 38.

PARIS.

IMPRIMERIE ET LITHOGRAPHIE DE MAULDE ET RENOU,
Rue Bailleul, 9 et 11, près du Louvre.

1844

CATALOGUE
D'OBJETS D'ART
ET DE CURIOSITÉ,

TELS QUE

Meubles en bois sculpté du XVIe siècle; Meubles en marqueterie de Boule et en marqueterie de bois; Porcelaines de Chine et du Japon, qualités anciennes richement montées; diverses pièces d'Orfèvrerie du XVIe siècle et d'époques plus récentes, pour dressoir et service de table; Dorures, telles que Candélabres, Pendules et autres pièces; objets divers, tels que Bronzes anciens, émaux de Limoges, Faïence de Faenza, grès de Flandre, terres cuites, bois et ivoires sculptés, etc.;

DONT LA VENTE AURA LIEU,

Après le départ de Mme la Comtesse de R...,

RUE DES JEUNEURS, 16,

SALLE N. 9,

Les lundi 2, mardi 3 et mercredi 4 décembre 1844,

HEURE DE MIDI.

EXPOSITION PUBLIQUE

Le dimanche 1er décembre 1844, de midi à quatre heures.

LE CATALOGUE SE DISTRIBUE

Chez 1° M. G. BENOU, Commissaire-Priseur, rue Taranne, 11;
2° M. ROUSSEL, Expert, rue des Saints-Pères, 38.

PARIS.

IMPRIMERIE ET LITHOGRAPHIE DE MAULDE ET RENOU,
Rue Bailleul, 9 et 11, près du Louvre.

1844

CONDITIONS DE LA VENTE.

AU COMPTANT.

Il sera prélevé 5 p. %, en sus des adjudications, applicables aux frais de vente.

On ne suivra pas l'ordre numérique indiqué au Catalogue, mais les vacations seront composées telles qu'elles sont indiquées.

DÉSIGNATION
DES OBJETS.

PREMIÈRE VACATION. — *Le lundi 2 décembre.*

1 — Bois sculpté. — Bahut du temps de Henri II, orné de cariatides aux angles; les frises et les panneaux sont couverts d'arabesques et de mascarons du meilleur style.
   Ce meuble provient du château de Rosni.

2 — Dito. — Dressoir à deux corps, à cariatides, et frises très riches d'ornements sculptés.

3 — Faïence ancienne. — Deux consoles décorées d'arabesques et de fleurs dessinées en bleu.

4 — Dito. — Bouteille de forme aplatie, à dessins bleus.

5 — Grès de Flandre. — Deux cruches flamandes à ornements en relief, et émaillées en bleu.

6 — Faïence de Faenza. — Beau vase de milieu, décoré d'arabesques, du seizième siècle.

7 — Dito. — Autre vase du même genre.

8 — Deux grands et magnifiques candélabres, à 8 lumières, formés par des figures en regard (satyre et bacchante), en bronze au vert antique, portant des cornes d'abondance, desquelles sortent des bouquets de lis et de pavots en cuivre doré à l'or moulu. Ces deux pièces sont des plus riches.

9 — Grande pendule en marqueterie de Boule, sur écaille noire, avec son cul-de-lampe, garnis de cuivre doré.

10 — Deux très beaux vases à pans, en porcelaine de Chine, à mandarins, du décor le plus riche, avec belle monture rocaille, à anses ornées de dragons, en cuivre doré.

11 — Pendule en marqueterie, sur écaille noire, garnie de cuivre.

12 — Petite pendule plaquée en écaille rouge, et filets de cuivre incrustés, garnis de cuivre.

13 — Bois sculpté. — Grand fauteuil du temps de Louis XVI, très riche de sculpture, et couvert en tapisserie.

14 — Dito. — Chaise flamande à dossier élevé, foncée en canne.

15 — Dito. — Autre chaise flamande, dont le dossier est garni en canne et le siége en satin broché.

16 — Dito. — Petite table à pieds tors.

17 — Dito. — Deux tabourets, dont les pieds sont à balustres, couverts en tapisserie.

18 — Dito. — Guéridon supporté par une colonne torse.

19 — Dito. — Petite armoire fermant à deux ventaux.

20 — Deux statues, en bronze, faisant pendant, Mercure et Iris.

21 — Bronze italien très ancien, petite statue, Muse debout, socle marqueterie de Boule sur écaille noire.

22 — Deux petits portefaix, bronzes anciens, sur socle en marbre bleu turquin.

23 — Grande et belle pendule du temps de Louis XVI, avec figures allégoriques, le Temps et l'Histoire, en bronze au vert antique, sur socle en griotte garni de cuivres dorés; le mouvement, à cadran tournant, est placé dans une sphère que supporte un fût de colonne.

Cette belle pièce provient de la vente de madame Lehon.

24 — Beau meuble à hauteur d'appui, en marqueterie de bois à fleurs, à une seule porte pleine, très richement garnie de bronze doré.

25 — Bois sculpté. — Jolie petite crédence gothique, de forme carrée, fermant à deux ventaux, et munie de deux tiroirs; elle a sa ferrure du temps et est très bien conservée.

26 — Bois doré. — Descente de croix, groupe de

8 figures, travail flamand dont on a restauré la dorure.

27 — Dito. — Saint Michel terrassant le Diable, belle figure en bois sculpté et doré, sur cul-de-lampe gothique, formé par une figure ailée portant un écusson armorié.

28 — Mosaïque de Florence. — Cabinet italien en bois d'ébène, dont l'intérieur, de forme architecturale, est enrichie d'incrustations en matières précieuses et de figurines en cuivre doré; le pied est à colonnes torses.

29 — Très beau vase céladon, dessins gaufrés, représentant des ustensiles émaillés en bleu, en jaune et en noir.

30 — Deux grands candélabres du temps de Louis XVI, formés par des vases en porcelaine bleu de roi, montés en forme de trépieds, desquels sortent les branches, très belle monture ancienne en cuivre doré.

31 — Deux grands vases craquelés, à bandes d'ornements, à dessins bleus représentant des paysages, belle qualité.

32 — Deux candélabres à 3 lumières, avec groupe d'enfants supportant les branches, cuivre doré à l'or moulu.

33 — Beau vase céladon, de forme aplatie, à dessins de fleurs et d'animaux faisant relief, et émaillés en blanc. Pièce remarquable.

34 — Plat rond en faïence, avec reptiles et coquillages.

35 — Beau cheval en bronze, par Brunot, sur socle en jaune de Sienne.

36 — Taureau en bronze, très ancien, sur socle en griotte et marbre noir.

37 — Poignard oriental, la lame en damas découpée à jours, et la poignée en jade blanc ; le fourreau est garni en argent.

38 — Couteau de sultane, à lame en damas ; le manche, en pâte de riz, orné de pierreries.

39 — Un lot de cristaux de roche, provenant d'ancien lustre, dont une boule remarquable par son volume.

40 — Un autre lot de cristaux de roche, du même genre.

41 — Grand vase de milieu en céladon craquelé de la plus belle qualité, orné de mufles de lions formant anses, avec monture rocaille très riche en cuivre doré ; il contient un fort bouquet de lis et de pavots, formant candélabre à six lumières.

Cette pièce remarquable a été montée par M. Monvoisin père.

42 — Encrier du temps de Louis XVI, en cuivre doré, avec frise découpée à jours sur fond bleu.

43 — Belle bouteille, forme gourde, en céladon uni d'une très belle qualité, remarquable

autant par sa belle forme que par son émail.
44 — Deux girandoles à deux lumières, en cuivre doré, du temps de Louis XV.
45 — Statue en bronze : le berger Pâris debout, tenant la pomme d'or.
46 — Une petite chaise en bois sculpté, garnie en soie.
47 — Divers panneaux sculptés.
48 — Un tapis en moquette. Environ 30 mètres.
49 — Boîte à jeu en laque de Chine, garnie de quatre petites boîtes et de 140 jetons et fiches en nacre de perle, gravés.
50 — Encrier rocaille en cuivre doré, avec figures et godets en porcelaine de Saxe ; le plateau en marqueterie de bois.
51 — Deux anges en bois doré, du temps de Louis XIII.
52 — Un bas-relief et une figure de Vierge en bois sculpté.
53 — Boîte en vieux laque du Japon.
54 — Petit plateau plaqué en bois de rose, garni en cuivre doré.
55 — Boîte à jeu en laque de Chine, garnie de ses boîtes et de ses fiches en nacre de perle, gravées.
56 — Bleu de Perse. — Deux bouteilles à dessins blancs.
57 — Faïence ancienne. — Bouteille de forme aplatie à dessins bleus.
58 — Dito. — Petite maison, avec personnages.

59 — Porcelaine de Saxe. — Compotier ovale et son plateau, décorés de fleurs.
60 — Dito. — Sucrier ovale décoré de fleurs.
61 — Métal incrusté d'argent. — Belle bouteille orientale, à long col et à couvercle, remarquable par la conservation des arabesques incrustées en argent.
62 — Cuivre doré. — Vase formé par un coco, monté en cuivre doré, et orné de chatons, garni en malachite.

DEUXIEME VACATION. — *Le mardi 5 décembre, à midi.*

63 — Deux grands et beaux vases céladon, ornés de cannelures et d'arabesques faisant relief sous l'émail, avec monture en cuivre doré, du temps de Louis XVI. Ces deux pièces sont remarquables autant par leur dimension que par l'élégance de leur forme.
64 — Torchère du temps de Louis XIII, en marqueterie de bois à fleurs, enrichie d'ornements en bois sculpté et doré.
65 — Vase de milieu en céladon bleu empois, traversé par des bandes d'ornements, vert céladon et gris sur fond noir, faisant relief.
66 — Autre vase de milieu, en céladon craquelé, à anses à têtes d'éléphant, avec riche

monture rocaille en cuivre doré ; il contient un bouquet de lis à six branches formant candélabre ; monté par M. Monvoisin père.

67 — Faïence ancienne. — Petit vase à pans, à dessins bleus, plus un pot au lait en porcelaine.

68 — Dito. — Deux assiettes, imitation de la porcelaine du Japon.

69 — Porcelaine de Chine. — Grand plat rond.

70 — Grès de Flandre. — Cruche en grès gris, à dessins gravés, couverte en étain.

71 — Dito. — Autre cruche en grès brun, dessins à côtes bleues, blanches et jaunes, couverte en étain.

72 — Terre de Boccaro. — Théière à six pans, ornée de dessins en relief.

73 — Verre de Venise. — Petite coupe, forme panier en verre rouge.

74 — Bol en ancien craquelé, belle qualité.

75 — Autre bol en céladon décoré en dedans et dehors de fleurs faisant relief, émaillées en blanc (pièce rare).

76 — Deux petits vases à couvercle, en céladon uni, d'une belle teinte et d'un bel émail.

77 — Grande lanterne de vestibule du temps de Louis XV, en cuivre ; elle est garnie de ses verres.

78 — Vase de milieu en céladon à dessins gaufrés sous l'émail.

79 — Deux grands candélabres rocailles à huit

lumières, avec groupes d'enfants sur terrasses, très riches en bronze doré à l'or moulu.

80 — Beau vase en ancien craquelé fleuri à dessins bleus, très belle qualité et de bonne forme.

81 — Deux petites statues d'enfant en albâtre.

82 — Groupe d'enfants supportant une coupe, porcelaine de Saxe à dessins bleus.

83 — Quantité de grands plats et soupières en porcelaine d'ancien Tournay, à dessins bleus.

84 — Déjeûner en porcelaine de Chine à mandarins, composé de trois grandes pièces et six tasses.

85 — Deux salières et une tasse en porcelaine de Sèvres, à bouquets de fleurs.

86 — Deux tasses en porcelaine de Sèvres, bleu de roi, l'une à dessins d'or, l'autre à médaillon camaïeu rouge.

87 — Beau vase à couvercle, en céladon fleuri craquelé, orné de papillons et de fleurs émaillées en belles couleurs variées.

88 — Coffret en mosaïque de Florence, représentant des paysages ; la monture en bois d'ébène.

89 — Petit vase en céladon fleuri, belle et ancienne qualité, monté en pot-pourri ; en cuivre doré à l'or moulu.

90 — Bouteille en porcelaine de Chine, à dessins

bleus et rouges, avec monture rocaille en cuivre doré.

91 — Petit lustre ancien, du temps de Louis XIV, en cuivre doré.

92 — Vase (pot-pourri) en ancien craquelé, monté en cuivre doré.

93 — Beau meuble (bonheur du jour) en marqueterie de bois de rose, orné de six médaillons en porcelaine de Sèvres, et très richement garni de cuivre doré.

94 — Autre bonheur du jour, en marqueterie de bois à trophées et ustensiles, la partie du haut est garnie d'une glace.

95 — Incrustation sur ébène. — Très joli petit meuble à tiroirs avec cabinet au centre; le devant des tiroirs, les côtés et le dessus du meuble sont ornés d'arabesques et de fleurs incrustées, en sablé de nacre de perle et d'ivoire, du plus bel effet, sur pied à colonnettes.

96 — Bois sculpté. — Grande crédence à étagère du temps de Henri IV, ornée de balustres très riches d'ornements, de cariatides et d'arabesques.

97 — Dito. — Cinq chaises flamandes, d'une très belle forme, à dossiers sculptés, le siége garni en cuir gaufré.

98 — Pendule en cuivre doré, du temps de Louis XV, avec figures allégoriques: le Temps et l'Espérance.

99 — Quatre chaises italiennes, en bois sculpté et doré, style du temps de Louis XV.
100 — Li hollandais en bois de palissandre, très riche de sculpture rocaille, style Louis XV.
101 — Grand lustre flamand en cuivre rouge repoussé, avec ornements d'appliques très délicats en cuivre jaune. Cette pièce est des plus remarquables par sa légèreté et par l'heureux effet de son ensemble.
102 — Beau vase craquelé à anses formées par des chimères; avec riche monture rocaille en cuivre doré, exécutée par M. Monvoisin père.
103 — Deux tabourets flamands, pieds à X.
104 — Chaise flamande sculptée, foncée en crin.
105 — Deux bénitiers et un petit bas-relief en bois doré.
106 — Six petits panneaux en marqueterie d'étain sur bois, sujets chinois.
107 — Trois figures de saints en bois.
108 — Deux médaillons avec bas-reliefs représentant Saint-Bartholomé et Saint-Philippe.
109 — Deux panneaux représentant des saints dont un est peint et doré.
110 — Un écran en bois sculpté.
111 — Deux petites consoles sculptées.
112 — Bois sculpté. — La flagellation du Christ, groupe de cinq figures, travail flamand du seizième siècle.
113 — Dito. — Sainte Anne faisant l'éducation

de la Vierge, groupe de deux figures, travail fin; les draperies sont dorées.

114 — Dito. — Tobie et l'ange Raphaël, groupe de deux figures, travail flamand du seizième siècle.

115 — Dito — Deux petites consoles, dont une est dorée.

116 — Dito. — Une petite console du temps de Louis XV.

117 — Faïence ancienne. — Grand plat rond décoré de dessins bleus.

118 — Porcelaine de Chine. — Petit vase orné de fleurs.

119 — Bois sculpté. — Petit tabouret à balustre, couvert en tapisserie.

120 — Dito. — Grand fauteuil à dossier, très riche de sculpture, couvert en belle tapisserie à fleurs.

121 — Dito. — Deux petites chaises du temps de Louis XIII, à pieds tors, couvertes en tapisserie.

TROISIÈME VACATION. — *Le mercredi 4 décembre, à midi.*

122 — Beau vidercome en argent doré, orné de mascarons et d'arabesques d'un beau style, travail du seizième siècle; le couvercle est surmonté d'une petite figure.

123 — Autre vidercome de la même époque, en

argent doré et repoussé; le pied est orné d'une figure.

124 — Grand pot à bière, en argent repoussé, orné d'un bas-relief représentant une bataille, sur le couvercle un trophée d'armes.

125 — Grande et belle théière à réchaud, en argent repoussé et ciselé, style rocaille.

126 — Petit couteau indien à manche d'ivoire, orné d'incrustations.

127 — Deux beaux plateaux ronds en argent, repoussés et ciselés, ornés de fleurs et de fruits en relief.

128 — Très belle terre cuite attribuée à Claudion, représentant mademoiselle Duthée, célèbre danseuse sous Louis XVI.

129 — Groupe d'enfants en terre cuite, attribué à F. Flamand.

130 — Beau bol à couvercle, en porcelaine de Chine, fond bleu à dessins d'or.

131 — Tête d'animal de style gothique, en vache marine.

132 — Une théière en porcelaine de Sèvres, bleu de roi, enrichie d'émaux.

133 — Presse-papiers en aventurine de Venise, monté en cuivre doré.

134 — Pot au lait en argent doré et repoussé.

135 — Une timbale à couvercle, en argent doré et repoussé.

136 — Pot à bière à couvercle, en argent doré et repoussé avec bas-relief, sujet de chasse.

137 — Deux petits candélabres à trois lumières,

supportés par des figures en regard, satyre et bacchante; en cuivre doré.

138 — Vidercome en argent doré, orné d'arabesques gravées, très beau style; travail du seizième siècle.

139 — Quatre petits plateaux ovales, en cuivre doré et repoussé, représentant des paysages, avec bordures de fruits et fleurs.

140 — Trois dito.

141 — Deux dito.

142 — Deux grands candélabres à quatre branches rocailles, supportées par des figures, faune et bacchante, ; en cuivre doré.

143 — Très belle pendule rocaille, en cuivre doré; elle est très riche d'ornement et bien dorée.

144 — Deux grandes torchères, formées de vases et de cornets en porcelaine du Japon, superposés, monture rocaille en cuivre doré.

145 — Grand plateau ovale en argent repoussé, orné d'un bas-relief représentant la Chasse au Taureau, avec bordure d'arabesques et de fleurs; travail ancien.

146 — Petite pomme de canne en or, à tête de cheval, enrichie de brillants et d'émeraudes.

147 — Vidercome en argent repoussé, supporté par une figurine en argent doré; le couvercle est surmonté d'une figure de Minerve.

148 — Deux lampes Carcel dans des vases en por-

celaine céladon, décorés de papillons et de fleurs, montés en cuivre doré.

149. — Petit vidercome en argent repoussé, orné de mascarons et de fleurs.

150 — Deux gros vases en porcelaine de Chine fond bleu, décorés de papillons et de fleurs.

151 — Deux petits meubles, à hauteur d'appui et à portes pleines, en marqueterie, première partie, sur écaille rouge, garnis de cuivre doré, avec tablettes en marbre brèche.

152 — Grand et beau cartel rocaille, avec figures.

153 — Une console du temps de Louis XV, en bois doré.

154 — Bois sculpté. — Meuble flamand faisant commode, orné de sculpture sur les tiroirs et sur les panneaux de côté; il est en très bon état.

155 — Dito. — Grand fauteuil, garni en damas rouge et blanc.

156 — Faïence ancienne. — Deux grandes et belles bouteilles à pans, de forme très élégante, décorées de dessins chinois bleus.

157 — Dito. — Vase de milieu à une anse et goulot, décoré d'arabesques sur fond jaune.

158 — Dito. — Petite coupe à deux anses.

159 — Dito. — Vase à deux anses, décoré de fleurs.

160 — Bois sculpté. — Deux chaises du temps de

Louis XIII, à pieds tors, couvertes en tapisserie.

161 — Petite pendule en marqueterie, sur écaille noire, garnie de cuivre.

162 — Meuble à hauteur d'appui et porte pleine en marqueterie de bois, à fleurs, garni de cuivre doré.

163 — Pendule à la religieuse, en écaille et ébène, garnie de cuivre.

164 — Petit tapis de Perse, très fin; les angles sont ornés d'écoinsons brodés en fin.

165 — Un lit en bois sculpté du seizième siècle ; la corniche formant dais est supportée par quatre colonnes torses ; la tête du lit est ornée d'un bas-relief ; il est garni de ses rideaux, de ses pentes et de son couvre-pieds en damas cramoisi.

166 — Deux émaux coloriés, de Limoges, représentant, l'un, la Cène; l'autre, Jésus au Jardin des Olives.

167 — Beau bronze de couleur florentine. — Renommée à cheval sonnant de la trompette, modèle des Tuileries, sur piédestal en marbre noir garni de bronze et renfermant une pendule.

168 — Cabinet du temps de Louis XIII, en marqueterie de bois à fleurs avec entourage en marqueterie d'étain, sur pied à colonnes torses.

169 — Grande pendule rocaille en cuivre doré,

avec figures de Faune et Satyres au vert antique. Cette belle pièce peut servir d'accompagnement aux candélabres décrits sous le n° .

170 — Très beau socle de forme triangulaire, en bois de chêne sculpté, orné d'arabesques et de mascarons, du temps de Louis XIV, pouvant servir de modèle pour pied de torchère ou de candélabre.
171 — Une portière en damas cramoisi.
172 — Glace du temps de Louis XIII, avec bordure en glace ornée de cuivres.
173 — Pendule du temps de Louis XIII, en bois sculpté, d'un travail très fin.
174 — Paire de chenets flamands en cuivre.
175 — Deux bas-reliefs en bois provenant de rétable.
176 — Deux dito.
177 — Deux consoles en bois sculpté.

Imp. et lith. de Maulde et Renou, rue Bailleuil, n. 9 et 11.

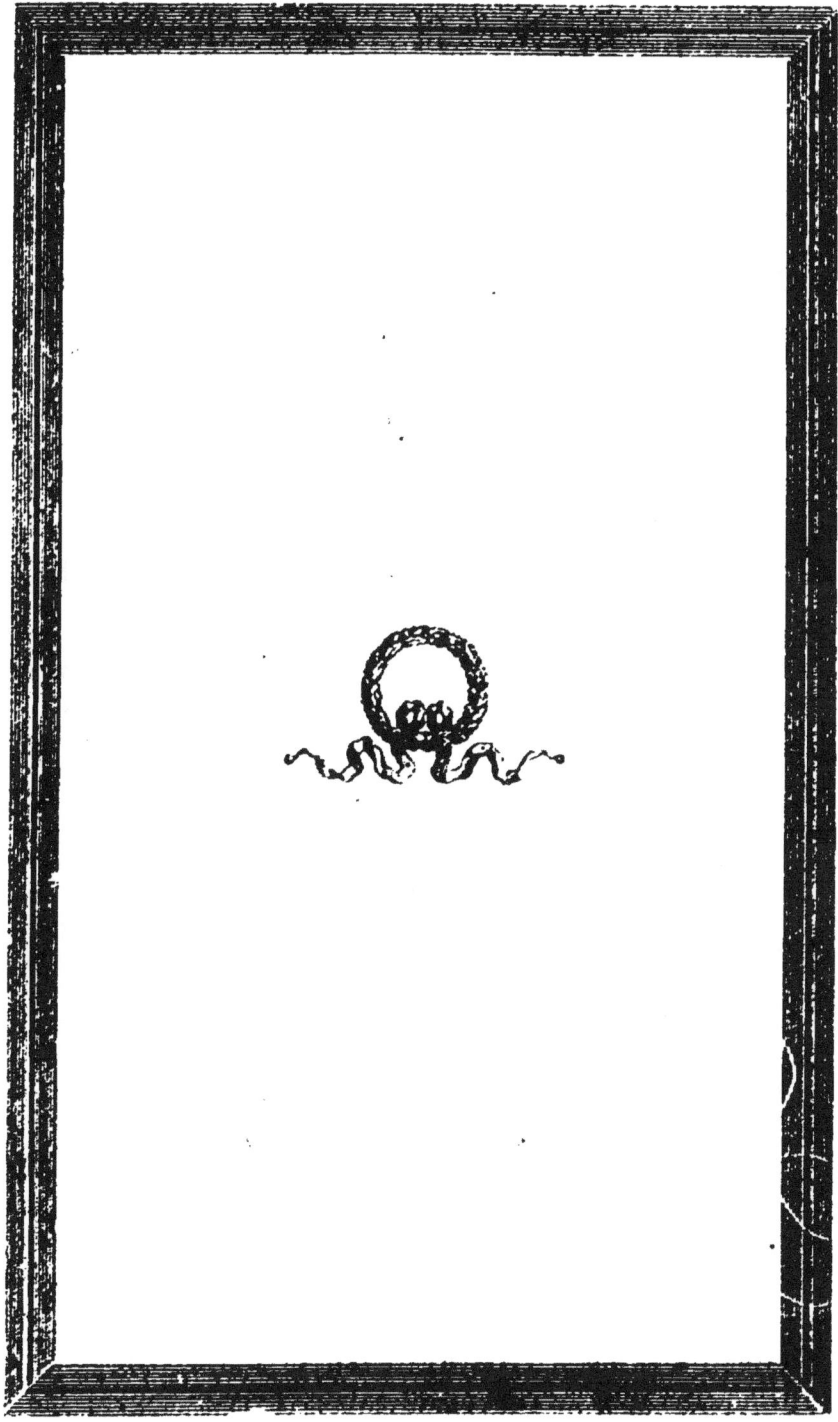

www.ingramcontent.com/pod-product-compliance
Lightning Source LLC
Chambersburg PA
CBHW051533240526
45471CB00019B/1347